しらべよう！
世界の料理
3

南・中央アジア

インド
ブータン
バングラデシュ
ウズベキスタン ほか

監修／青木ゆり子
編・著／こどもくらぶ

はじめに

　「食文化」とは、食べ物に関する文化のことです。

　食文化は、いろいろな要素が影響しあってはぐくまれます。

　はるか昔からその土地に伝統として伝えられてきたもの。その土地の気候・風土、産物、歴史、宗教などがもたらしたもの。ほかの国や地域と交流するなかでうまれたもの。

　そうしたさまざまなものがからみあって、その土地独特の食文化がつくりあげられてきました。

　だからこそ、世界の人びとを理解し交流するはじめの一歩は、食文化を理解すること。まず「どんな料理を食べているの？」からはじめましょう。

シリーズ第3巻のこの本では、12億以上の人口をかかえるインドや、インドの食文化の影響を受けた南アジアの国ぐにに、そして、東西文明の交流において重要な位置をしめた中央アジアの国ぐにの食文化を追っていきます。独特で魅力的な食文化にあふれたこれらの国ぐにへの関心を、ぜひ深めてください。

この本で紹介する
南・中央アジアの
国ぐに

カザフスタン

ウズベキスタン

ネパール

ブータン

アフガニスタン

パキスタン

インド

バングラデシュ

スリランカ

　ところで、近年日本を訪問する外国人はどんどんふえています。そうした外国人たちに日本を正しく紹介したい！　それには、日本人が日本の食文化を知らなければならないのは、いうまでもありません。この意味から、このシリーズでは、日本についても第1巻の冒頭に紹介しています。また、それぞれの国と日本との関係についても、できるだけふれていきます。

　さあ、このシリーズをよく読んで、いろいろな国の食文化、その国とその国の人びとについての理解を深めていってください。

こどもくらぶ

もくじ

インド

紀元前2300年ころからインダス川流域にインダス文明が発生。その後、いくつもの民族が
かわるがわるインドの地を支配しました。今も多くの民族・言語・宗教が
共存する、多様な文化をもつ国です。

正式名称／インド
人口／12億1057万人(2011年国勢調査)
国土面積／328万7469km²*(日本の約9倍)
首都／デリー(ニューデリー)

言語／ヒンディー語(公用語)、英語、ほかに憲法公認語21
民族／インド・アーリヤ族、ドラビダ族など
宗教／ヒンドゥー教(79.8%)、イスラム教(14.2%)、キリスト教、仏教 ほか

* 中国・パキスタンとの係争地をふくむ。

1 インドの風土と食文化

インドは世界で7番目に広い国です。南部には夏に40℃をこす地方がありますが、北のカシミール地方は夏でもすずしい気候です。大きなインドには東西南北にさまざまな食文化がありますが、おおまかには、南部と北部では食文化が異なります。

● 北インドと南インドの料理

インドの料理は、北インド料理と南インド料理の2つに大きく分けられます。

北インドの主食は、パンです。日本でもよく知られているナンのほか、いろいろな種類のパンが食べられています。

米も食べられていますが、主食というより料理の材料として使われます。甘いデザートにも米が使われます。米を香辛料といっしょに牛乳で煮た

キールは、インド人に人気のデザートです。牛乳やダヒ(ヨーグルト)、パニール(チーズ)、ギー(バターの一種)など乳製品が多く、こってりして汁気のない料理が多いのが、北部の特徴です。

一方、高原をのぞき、年間の平均気温が30℃近い南部では、主食は米で、コショウやトウガラシがたっぷりきいた辛い料理をおかずにして、ご飯を食べます。料理には、ココナッツミルクやオイルがよく使われます。野菜や果物はよく育ち、種類も豊富です。

雪山をのぞむ北部のカシミール地方。

インド最南端のコモリン岬。

インドのいろいろなパン

日本でよく知られているナンは、小麦粉の生地にイーストなどを加えて発酵させ、大きな木の葉のような形に整えて、タンドールという窯（→p40）で焼いたパン。高価なタンドールを備えている家庭はあまりないため、ナンはレストランで食べたり、店で買ってもちかえったりすることが多く、家庭ではナンよりもチャパティなどのほうがよく食べられています。

ナン

インドの米

インドの米はインディカ米とよばれる、日本の米（ジャポニカ米）よりつぶが長いものが一般的です。その一種のバスマティ米は、とくに香りがよい高級品とされています。

日本では新米がよいとされますが、インディカ米は1年以上ねかせてから食べたほうがおいしいといわれています。

チャパティ
アーターとよばれる全粒粉（小麦の表皮、胚芽、胚乳をすべて粉にしたもの）でつくる、無発酵のうす焼きのパン。

インディカ米

ジャポニカ米

チャワル
ご飯のこと。インディカ米はねばりけが少なく、あっさりしている。

プーリー
チャパティの生地を油で揚げたもの。

パラタ
チャパティの生地に油をまぜ、何層かに折りたたんで焼いたパン。中にいろいろなものをはさんで食べる。

ロティ
チャパティと同じく、全粒粉を使った無発酵のパン。

ビリヤニ
香辛料をきかせた炊きこみご飯。インドには、たくさんの種類のビリヤニがある。

● インド料理の特徴

インドは世界的にも、多民族・多宗教の国として知られています。広大な国土のなかにさまざまな食文化・食習慣がありますが、それでもインド料理の全体的な特徴は、非常に多彩な香辛料（スパイス）を使うことだといえます。

香辛料としては、コリアンダー、カルダモン、ターメリック、クミンなどがよく使われます。

コリアンダー
葉は香草として使われ、種子は香辛料として使われる。

カルダモン
消化を促進し、よい香りがするので、チャイによく使われる。さやごと使うこともあるが、中の種子をつぶすなどして使うことが多い。

ターメリック（ウコン）
独特の香りづけと黄色に着色するために使われる。

クミン
香りがよく、ほろ苦さと辛みがあるのが特徴。

市場で売られている、色とりどりのさまざまな香辛料。

そのほかにも香辛料は多くの種類があり、まぜあわせて使います。その配合は、地方によっても異なります。さらに、なにをどのような割合でまぜるかは、各家庭で、季節や家族の体調などによって工夫されます。

また、インドの煮こみ料理は、日本のカレーのようにとろみのあるものは少なく、さらっとした汁物や、反対に汁気のないものが多く、辛くない料理もたくさんあります。

お茶の時間に飲むのは、チャイという、ミルクや砂糖、香辛料を加えた甘い紅茶です。これもインド独特の飲み物です。

まちかどのチャイの店。濃く煮出した紅茶にたっぷりのミルクと砂糖や香辛料を入れてさらに煮て、茶葉を茶こしでこしてやかんに注ぐ。

チャイは、素焼きのカップに注いで飲むのが古くからの習慣。

インドには「カレー」はない？

インドにはじつは、日本人に人気の「カレー」はありません。インドの人が毎日カレーを食べていると思っている人もいるのではないでしょうか。そんなことはないと思っている人でも、さまざまに誤解しているかもしれません。

下は、まちがいです。

> ● 香辛料をたくさん使った辛い料理をまとめて「カレー」という。　✕

> ● 「カレー」という料理は、具はちがっても味はみんな同じだ。　✕

カレーという言葉は、かつてイギリスがインドを植民地としていたころ、インド料理のなかの汁物や煮物を「カリー」とよんでいたことに由来します。ところが、それらの料理には、サンバル（豆と野菜の煮こみ）、コルマ、ダール（豆の煮こみ）など、固有の名称があります。これは、日本でみそを使った料理をまとめて「みそ」といわないのと同じで、考えてみればわかることです。

ただし、インドの観光客向けのレストランや外国にあるインド料理店などでは、メニューに「○○カレー」と書いてあるのがふつうです。

もっと知りたい！

日本のカレーはイギリスから

日本のカレーは、インドからではなく、明治時代にイギリス海軍によってもちこまれたという説が有力。イギリス海軍のカレーには、次のような話もある。

イギリス海軍の乗組員が、船の上でクリームシチューを食べたいと思ったが、材料の牛乳は日持ちしないため船に積むことができない。そこで、シチューと同じ材料を煮たものに、牛乳のかわりにインドの香辛料を使ってつくったのが、「カレー」のはじまり。

チャワル（→p7）を中央に置き、そのまわりにチャパティやダールなどさまざまな料理をならべた北インドの定食（ターリー、→p13）。

アーユルベーダとは

「アーユルベーダ」は、「アーユス（生命）」と「ベーダ（真理・科学）」という単語をあわせた言葉で、「生命科学」という意味になる。これは、人びとの健康を守り、病気をなくし、長生きできるように説いた古代インドの伝統医学にもとづいたもの。インドでは今でも、この考えを信じる人は多く、香辛料の使い方など食生活にも大きな影響をあたえているという。

アーユルベーダの治療を受けられる施設で出される料理の一例

| 白いご飯は体を冷やすので、香辛料を入れて体が冷えないように炊いたご飯。 | 血をきれいにするというヘビウリを香辛料とともに煮た料理。 |

2 インドの宗教と食

インドのヒンドゥー教もイスラム教も、それぞれにきびしい戒律があります。人びとは、宗教のちがいはあっても、戒律の壁をのりこえて市民生活を送っています。

● 人の宗教や信条を尊重

デリーにあるイスラム教の礼拝所（モスク）ジャマー・マスジット。

インドの人びとは、たがいの宗教を尊重しあって生活しています。しかし、そのためには食べ物や食べる時間帯など、非常に気をつかうといいます。

しかも、現在も伝統的な社会身分の「カースト」が残っているので、異なるカーストといっしょに食事をすることは、ゆるされません。ただ、都市部などでは、近代化によりこの事情はかわってきています。

南インドの食堂で食事をする人たち。

カーストという身分制度

ヒンドゥー教には、バラモン（聖職者）を頂点として、クシャトリア（貴族）、バイシャ（庶民）、シュードラ（隷民）という大きく4つのカースト（階級）に分けられる身分制度がある。かつてのインドでは、自分のカーストと異なるカーストの職業につくことはできず、結婚も同じカースト内でしかできなかった。

1950年に制定された憲法によりカースト制度は廃止されたが、地方などには今もその慣習が根強く残っている。

● 菜食料理

イ ンドでは、肉を食べない人（ベジタリアン）が多くいます。インドの古い宗教で肉食をよくないこととする考えがあったからです。厳格な菜食料理は、動物の肉だけでなく、動物を殺して得られる食材（脂、ゼラチンなどもふくむ）をいっさい使用せず、卵も使いません。ただし、動物を傷つけずに得ることができる乳製品は使ってもよいとされています。地域や家族の考え方によって、ベジタリアンでも卵や魚は食べる人もいます。まちの食堂やレストランは、それぞれの人の注文に応じて、菜食料理もチキンやマトンの料理も提供するのがふつうです。

また、ベジタリアンでなくても、ヒンドゥー教徒は牛を神聖なものとして食べません。また、イスラム教徒は豚を不浄なものとして食べません。そのため、インド全体としてよく食べられているのは、羊肉と鶏肉です。

牛肉や豚肉、鶏肉など肉をあつかう店は、マクドナルドのような外国のファストフード店でも、キッチンを分けています。

菜食料理 ジャガイモ、キャベツ、トマト、豆の料理とヨーグルト。

● ヒンドゥー教徒も断食!?

イ ンドでは、国民の約80%がヒンドゥー教を信じています。イスラム教できびしい断食がおこなわれていることはよく知られていますが（→4巻p13）、ヒンドゥー教でも、願かけのために断食する人がいます。とくに特定の食材を一定期間食べないなど、インド人は日常的に断食をすることが多いといいます。

インド南端近くにあるヒンドゥー教のミナクシ寺院。群像彫刻におおわれた塔門が壮観。

3 インドの一日の食事

インドでは、一日4回食事をする人が多く、朝7～8時ごろに軽く食べ、午後1時ごろに昼食、夕方5時ごろに間食、夜8～10時ごろに夕食という具合です。

インド人の食習慣

インド人には、一日4回食べる人が多くいますが、基本は昼食と夕食の2回で、どちらかをしっかり食べます。一日2回以上のお茶（チャイ）の習慣があり、その回数を入れて4回または5回の食事をとるといわれているのです。

軽食として人気のパニプリの屋台。パニプリというのは、パリパリに揚げたボール状の小さなパンに指で穴を開け、ジャガイモや豆と、香辛料で味つけした冷たいジュースを入れて食べるスナック。

食事には、かならず1品は甘いもの（お米でつくったお菓子など）がふくまれます。客を招待する食事に甘いものがつかないと、非常に失礼だとされます。

伝統的な家庭では夜8時ごろに夕食を食べますが、都市部では夕食時間がおそくなってきたといわれています。また、外食も普及してきました。

お酒はほとんど飲みません。飲酒が禁止されている地区もあるほどです。それでも、若い世代ではお酒を飲む人がふえてきました。

インドでは、1回の食事の量がかなり多く、甘いものを食べたり、夕食を寝る直前に食べたりする習慣などにより、太った人が多いといわれます。

一日の食事の例

- **朝食**　ビスケットなどの軽い食事。
- **11時ごろのお茶**　チャイ、ビスケット（野菜の天ぷらなどを食べる人もいる）。
- **昼食**　北インドはパン、南インドはご飯、それに副菜としてサンバル（→p9）、野菜が入ったすっぱいスープや、季節の野菜など。ベジタリアンをのぞいて、鶏肉などの煮こみ料理が加わる。
- **夕方の間食**　チャイと軽食。
- **夕食**　昼食とほぼ同じ内容。

インドの甘いお菓子類。お祭りにも甘いお菓子は欠かせない。

右手で食べる

インドでは伝統的には、食事は床にすわって食べます。たいていの人は、手で食べます（手食）。パンの場合、右手だけでちぎって汁物にひたして食べ、ご飯は、右手で汁をまぜてから口に運ぶのが、一般的な食べ方です。

左手は不浄とされ、皿やグラスの外側にふれる以外は使いません。右手の親指と人さし指、中指の３本の指先だけを使うのが、よい食べ方だとされています。

右手だけでパンをちぎる。

手食の基本

● ３本の指を使ってじょうずに食べ物をかきあつめる。
● 汁物とご飯は、よくまぜる。

● お皿の上で、てのひらをくるりとひっくりかえして上に向ける。
● つまんだ食べ物を落とさないように、てのひらを受け皿にして、口まで運ぶ。

インドのテーブルマナー

北インドではターリー、南インドではミールスとよばれる定食もありますが、料理は人数分が大きな皿または器に盛って出され、一人ひとりにはステンレスの取り分け用の器が配られるのが一般的です。南インドでは伝統的に、器のかわりにバナナの葉が使われます。

大皿から取り分けるとき、取り分け用のスプーンを使い、自分のスプーンがふれないように気をつけます。一人が食べ物をよそう役になることもあります。一度自分の器にのせたものは、他人に取り分けてはいけないとされています。

スープや麺類などは、音を立てて食べるのは礼儀正しくないといわれています。また、目上の人と同席する場合、年長者から先に食事に手をつけるなど、古くからの習慣が今でも守られています。

南インドの家庭での食事。床にすわり、大皿に盛られた料理を取り分けて食べる。

手で食べるのは行儀が悪いこと？

日本人は、カレーのような食事を手で食べることに違和感があります。
しかし、じつは世界の半分近くの人たちが、手で食事をしているのです。

いちばん多いのは手食

　人類は、長い歴史上、それぞれの文明のなかで、食文化にあった道具をつくってきました。箸、スプーン、ナイフやフォークなどです。

　一方、そうした道具を使わずに、ずっと手で食べてきた人たちもいます。東南アジア、中近東、アフリカなどや、ヒンドゥー教徒、イスラム教徒の人びとがくらす地域では、現在でも手食がふつうです。

　そうした地域では、ご飯に肉や野菜のおかずをかけて、指先でじょうずにまぜあわせ、ひと口大にまとめて食べます。ご飯は、日本のものとちがって、パサパサしているので手にあまりつきません。

© SAIYU TRAVEL CO.LTD.
手食

世界の食事方法は三分されている

　世界の食事方法は、おおむね、手食、箸食（中国・朝鮮半島・日本・台湾・ベトナムなど）、ナイフ・フォーク・スプーン食（ヨーロッパ・南北アメリカ・ロシアなど）に、４：３：３に分けられるといわれています。箸食やナイフ・フォーク・スプーン食の人びともサンドイッチなどを手で食べることがあるので、手食の人口がいちばん多いといってよいでしょう。

箸食

ナイフ・フォーク・スプーン食

手食+スプーンなど

現在、基本は手食だけれど、スプーンを使う国があります。フィリピンなどでは、スプーンとフォークを使います。また、タイでは、箸が使われていますが、手で食べる習慣は消えていません。

その理由は、スプーンは金属でできているものが多く、タイやフィリピンの人は金属の舌ざわりをきらうからだといわれています。さらに、料理をまず手の感触で味わって、口に入れたあと舌でも味わいたいという人も多いからだといわれています。やけどするほど熱いものは食べません。

日本でも、手で食べる食品はたくさんあります。おにぎり、パン、ピザなどです。どれも、手でもって思いきりほおばりたいと思う人が多いのではないでしょうか。

ナイフ・フォーク・スプーン食

ナイフ・フォーク・スプーン食

手食

箸食

ナイフ・フォーク・スプーン食

（注）図は、各文化圏の地域を示したイメージ図。

食法	手食文化圏	箸食文化圏	ナイフ・フォーク・スプーン食文化圏
機能	まぜる・つかむ・つまむ・運ぶ	まぜる・はさむ・運ぶ	切る・刺す・すくう・運ぶ
特徴	● イスラム教 ● ヒンドゥー教 ● 人類文化の根源	● 箸で熱いものをはさめる ● 中国、朝鮮では箸と匙（スプーン）がセット ● 日本は箸だけ	● 17世紀のフランス宮廷料理のなかで確立 ● パンだけは手で食べる
地域	東南アジア、中近東、アフリカ、その他	日本、中国、韓国、北朝鮮、台湾、その他	ヨーロッパ、ロシア、北アメリカ、南アメリカ、その他
人口*	24億人	18億人	18億人

＊世界人口を60億とした場合。

資料:大阪教育大学「食教育情報WEB」

スリランカ

「スリランカ」は「光り輝く島」という意味。島の形から「インド洋の真珠」といわれてきました。また、タイ、ミャンマーに次いで仏教徒の多い国として知られています。

正式名称／スリランカ民主社会主義共和国
人口／約2096万人（2015年）
国土面積／6万5607km²
首都／スリ・ジャヤワルダナプラ・コッテ
言語／シンハラ語・タミル語（公用語）、英語

民族／シンハラ人（72.9％）、タミル人（18.0％）、スリランカ・ムーア人（8.0％）
宗教／仏教（70％）、ヒンドゥー教（10％）、イスラム教（8.5％）、カトリック（11.3％）

1 スリランカの風土と食文化

スリランカは北海道より小さい島国です。熱帯に位置していますが、高原地帯は冷涼な気候とすばらしいながめにめぐまれ、さまざまな鳥や動物がすんでいます。まわりの海には豊かな漁場が広がっています。

 セイロン・ティー

スリランカでは、イギリスの植民地時代（1802〜1948年）に島の中央部の高原地帯が切りひらかれ、広大な茶園がつくられました。そこで生産されはじめた茶葉は「セイロン・ティー」（その名は当時の国名「セイロン」に由来）とよばれ、今では世界的に名高い紅茶となりました。

茶つみのようす。

「セイロン」

「セイロン」は、1948年2月4日、イギリス連邦内の自治領として独立した際につけられた英語の国名。イギリス連邦というのは、イギリスと、かつてイギリスの植民地だった国ぐにからなる、ゆるやかな連合体のこと。

1972年、新憲法によって、セイロンはイギリス連邦内自治領から共和国に移行。そのときに、国名は「セイロン」から「スリランカ」に改名された。ただし、現在でも島の名前は「セイロン島」。

ポロンナルワの石仏。

🟢 香辛料の産地

スリランカは、シナモンやコショウなどの香辛料でも世界的に有名です。古くから香辛料をもとめて、イスラム商人*やポルトガル、オランダ、イギリスの貿易船が、次つぎにこの島をおとずれました。

シナモン　　　　　　　　　赤トウガラシ

コショウの実　　　黒コショウ（実を乾燥させたもの）

＊ 7世紀以降、アフリカ東海岸、インド、東南アジアや中国などと交易をおこなったイスラム教徒の商人。

🔴 ココナッツミルク

スリランカは南インドに近く、食文化も南インドの料理に似ていて、香辛料を使う料理が基本です。甘みのあるココナッツミルクもよく用いますが、コショウや赤トウガラシなどの香辛料が強くきいています。ココナッツミルクを使う料理は、マレーシア、インドネシアなどでも多くみられますが、辛さはスリランカ料理が一番だといわれています。スリランカ人が辛くないという食べ物でも、日本人には非常に辛く感じるといいます。

都市に住む人はココナッツミルクを店から買ってくることが多いですが、地方では、庭に生えているココヤシの木からココナッツをとり、自宅でミルクをしぼるのが一般的です。

ココナッツはココヤシの実。

ココナッツの白い胚乳の部分をしぼったものが、ココナッツミルク。

コラ・マッルン
きざみ野菜と香辛料とココナッツ（実をけずったもの）の和え物。きざみ野菜に使ったこの葉は、カトゥルムルンガという名で、鉄分やカルシウム、ビタミンが豊富。

2 スリランカ料理の特徴

スリランカの食文化はインドとよく似ています。仏教とヒンドゥー教の影響で、肉を食べない人もたくさんいます。そのため、豆や野菜、魚介類を使った煮こみ料理が豊富にあります。

● スリランカの主食

スリランカの主食は米（インディカ米）で、ココナッツやターメリックなどで風味をつけるのがふつうです。

　そのほか、米粉でつくるホッパー（米粉にココナッツミルクをまぜた生地をクレープ状に焼いたもの）や、ストリングホッパー（米粉でつくったそうめんのような細い麺）、ココナッツ入りのロティなどを、おかずといっしょに食べます。

料理にそえられたストリングホッパー。

ホッパー

ロティ

● スリランカ料理にかつお節？

スリランカでも、インドと同じく「カレー」という言葉はありません。しかし、スリランカの公用語のひとつタミル語の「食事・おかず」を意味する言葉「カリ」が、英語で「curry」と表記され、日本で「カレー」となったという説もあります。このことを考えると、スリランカの煮こみ料理を「カレー」とよんでもよいかもしれません。そうしたスリランカカレーには、海にかこまれた島国らしく魚介類が使われることが多く、ココナッツミルクもよく使われます。そのため、インド料理より辛くありません。

　また、スリランカでは、日本のかつお節によく似た乾物（モルディブ・フィッシュ）で、スープのだしをとることがあります。

魚を使ったフィッシュカレー

モルディブ・フィッシュは、カツオの一種のハガツオをいぶして、天日で干してつくったもの。

もっと知りたい！

スリランカの漁法

スリランカでは、伝統的な漁法「ストルトフィッシング」が南部のアハンガマの海岸などでおこなわれている。海中に立てた杭につかまって、魚を引っかけてつるという漁法だ。この漁は朝と夕方の時間に多く見られるが、外国人の目にはふしぎな光景。

牛肉・豚肉を食べない人

牛肉や豚肉は、ただ食べないだけではなく、それらの肉をさわることも、家庭内にもちこむこともきらう人がたくさんいるといいます。その傾向は、都会より地方の年配の人に強いようです。そのため、家庭の料理には、肉より野菜や豆がよく使われます。

また、以前は食べていたのに、なにかの願かけのために食べなくなる人も少なくありません。

それは、スリランカ人のお守りのペンダントの効力が、豚肉を食べると失われてしまうと考えられているためだといいます。それを身につけているかぎり、銃弾に当たらないというお守りです。内戦下、テロ事件が頻発したスリランカならではの俗信といえます。

もっと知りたい！
「焼く」は、タブー!?

スリランカの人口のおよそ4分の3をしめるシンハラ人は、肉や魚を網で焼いて食べることはしない。そのため、焼き肉や焼き魚などはない。肉や魚は、煮るか、油で揚げたり炒めたりして食べる。食べ物を直火で焼くとおそろしいことが起きる、といった言い伝えがあるからだといわれている。もちろん、それは迷信だといって信じない人もふえてきた。外国人向けのレストランのなかには、新鮮な魚の丸焼きなどを出すところも多くなってきた。

香辛料をたっぷりふり、フライパンで揚げ焼きした魚。

家庭の食卓

スリランカでは、何十種類もの香辛料の配合や、魚からだしをとる方法、ココナッツミルクの入れ方など、どこの家でも自慢の「家庭の味」が代だい伝わっています。

夕食には、こうしてつくられたいく皿もの料理と、山盛りのご飯が食卓にならべられます。それを家族みんなで取り分け、手で触感を味わいながら食べます。

朝ご飯は、豆の煮物などを、ロティやストリングホッパーといっしょに食べるのが一般的です。スリランカ人は、一日3食とも、さまざまな香辛料を使った料理を食べます。

伝統的な家庭料理では、数種類の香辛料を石ですりつぶして調合することが多い。

スリランカのイスラム教徒の家庭の食事。ご飯と野菜料理が中心。

ネパール

ヒマラヤ山脈の南側に位置するネパールは、首都も標高5000mをこえる
高地にあります。その一方、亜熱帯に属する平野もあり、
国土は変化に富んでいます。

正式名称／ネパール連邦民主共和国
人口／2649万人（2011年人口調査）
国土面積／14万7000km²（北海道の約1.8倍）
首都／カトマンズ
言語／ネパール語

民族／パルバテ・ヒンドゥー、マガル、タルー、
タマン、ネワールなど
宗教／ヒンドゥー教(81.3%)、仏教(9.0%)、
イスラム教(4.4%)ほか

1 ネパールの風土と料理

インドと中国にはさまれる位置にあるため、食文化は中国やチベット*、とくにインドの
影響が強くみられます。香辛料の種類はインドにくらべて圧倒的に少ないので、料理
はあまり辛くなく、あっさりした味です。

さまざまな豆のダル

ネパールでもっともよく食べられている料理といえば、「ダルバート」。これは、ネパールの代表的な家庭料理で、ダル（豆のスープ）とバート（ご飯）という意味です。レストランなどでは、ダルとバートに、野菜や肉を香辛料とともに煮たおかず（タルカリ）と漬物（アチャール）の合計4品を、金属製のトレーにのせた定食のようなスタイルが一般的です。

このスタイルは、ご飯にみそ汁、おかず2品がお盆にのっているようなものです。日本のお盆は食器をの

せるものですが、ダルバートはトレーがそのまま食器になります。スープをご飯にかけて、指先でまぜて口に運びます。外国人には、スプーンやフォークがそえられます。

ダルには、レンズ豆、黄豆、黒豆、緑豆などがよく使われます。

ダルバート

何種類もの豆を売る店。

*チベットは、チベット高原に存在していたチベット人の国家。現在、チベット人は、中国のチベット自治区、
四川省、青海省、雲南省、甘粛省や、ネパール、ブータン、インドなどに分散している。

● チベットの影響

ネパール料理は、チベットの影響も強く、モモというチベットの蒸し餃子をはじめ、中華料理に似た料理もいくつもあります。

モモは蒸す以外に、中華料理の餃子のようにゆでたり、揚げたりしたものも食べられています。具は、水牛の肉、鶏肉、野菜の3種が一般的です。ベジタリアン向けの肉の入っていないモモもあります。モモにつけるたれは、中華料理とはちがい、トマト味、ゴマ味、ピーナッツ味などがあります。

また、麺料理もよく食べられています。

ベジタリアンのモモ

油で揚げたモモも、人気がある。

チャウミン
麺と野菜を炒めた、中華料理の焼きそばに似た食べ物。

トゥクパ
ネパールの煮こみうどん。寒さがきびしいネパールで人気の温かい麺料理。

カトマンズにある、高さ36mのネパール最大のチベット仏教の仏塔、ボダナート。石づくりのドームの上には四方を見わたすブッダの知恵の目がえがかれている。

ネパールの食文化

ネパールでは、首都などにくらす一部の人をのぞいて、ほとんどの人が早寝早起きです。基本的には、一日2回のカナ（「食事」の意味）をとります。そのほかに、1〜2回のカジャ（軽食）をとる人もいます。

カトマンズの市場。ネパールの朝は早く、早朝から市場は活気づく。

● ネパールの一日の食事時間

ネ パールでは、朝早く起きてすぐ、軽くチャイ（シナモンなどの香辛料が入ったミルクティー）とビスケットやパンなどを食べておき、10時から11時くらいになって、しっかり朝食をとる習慣があります。そのあと3時半から5時くらいにカジャをとり、8時から9時に夕食をとり、10時すぎには就寝するといいます。

なお、カジャは、おやつ感覚で食べる軽食ですが、量をしっかり食べて、それをそのまま夕食にすることも多いといいます。

チャイ

● ネパールのヨーグルト

ネ パールでは、標高の高い地域でヤク（牛の仲間）や水牛、山羊の乳でいろいろな乳製品がつくられています。なかでも、ダヒとよばれるヨーグルトは、こってりとした濃厚な味わいで、ネパールの代表的な食べ物です。素焼きの器などに入れて売られています。チーズもよく食べます。

ダヒ

また、「飲むヨーグルト」といわれるラッシーは、インドの飲料ですが、ネパールでも人気です。これは、ダヒに水またはミルクをまぜたもので、砂糖やハチミツ、果物などで味をつけたり、バナナ、マンゴーなど季節の果物をまぜたりして飲みます。まちでは、ラッシーを売る店をたくさん見かけます。人だかりができている人気の店もあります。

● ネパールの屋台

ネパールでは現在も身分がはっきり分かれていて、大きくは、カースト・グループとエスニック・グループに二分されています。

カースト・グループは、かつて南のインドから移住してきたヒンドゥー教徒の子孫で、インドと同じようなカースト制度があります。一方のエスニック・グループは、北の丘陵山岳部に住んでいる、チベット仏教や土着宗教を信仰する人びとです。

しかし、近年では、複雑にまじりあっていて、かならずしも明確ではなくなっています。それでも身分のちがいが生活面にあらわれているといいます。

そのひとつが食事です。自分より身分の低い人といっしょに食事をしたくない、身分の低い人がつくった食事は口にできない、などという考えがあるといいます。

ネパールでは、東南アジアとちがって屋台で食事をすることが一般的でない背景には、そうした事情があるといわれています。また、「体調がすぐれないのは、食べ物に呪いを入れられたからだ」などといった迷信があることも、ネパールで屋台が少ないことに関係しているといいます。

それでも最近は、首都のカトマンズなどで、屋台のような店を見かけるようになりました。とくに、外国人観光客の多く集まる地区では、モモなどの屋台をよく見かけます。

モモを売る店。

もっと知りたい！
ネパールの伝統菓子

収穫を祝う秋のお祭りやヒンドゥー教の「光の祭りティハール」（インドではディワリ祭という）のときにつくられる伝統菓子に、ジリンガとよばれるカラフルなお菓子と、セル・ロティとよばれる揚げドーナツのようなお菓子がある。

ジリンガは、米粉に色粉と湯を加えて練り、糸のように細くのばしてうず巻き状にし、揚げたもの。

セル・ロティは、あらびきの米粉とすりつぶしたバナナ、砂糖、ギー（ミルクからつくるバターのようなもの）をまぜた生地を、ドーナツ状に成形して揚げたもの。どちらもそれほど甘くなく、素朴な味わい。

ジリンガ

セル・ロティを揚げているところ。

セル・ロティ

ブータン

ネパールと同じく、インドと中国にはさまれたブータンは、チベット仏教の国。
国民のほとんどが「幸せ」だと感じているという国勢調査の結果が
世界をおどろかせました。

正式名称／ブータン王国
人口／約76万5000人（2014年世界銀行）
国土面積／約3万8394km²（九州とほぼ同じ）
首都／ティンプー

言語／ゾンカ語（公用語）、英語など
民族／チベット系、東ブータン先住民、ネパール系など
宗教／チベット仏教、ヒンドゥー教など

1 ブータンの風土と料理

ブータンの国土の北部は、ヒマラヤ山脈の東を縁どる標高4000〜7000mの高地です。一方、南部は標高150〜200mの亜熱帯の地域が広がっています。高地でも生きられるヤクが貴重な家畜となっています。

世界一辛いブータン料理!?

ブータン料理は「世界一辛い料理」といわれることがあります。しかし、それは、辛いというより、「世界一トウガラシをたくさん使う」といったほうが正確です。

トウガラシは、辛み調味料として使うばかりではなく、青トウガラシ・赤トウガラシを野菜として食べるのが、ブータンの料理の特徴です。トウガラシは毎日の食事づくりにはなくてはならない

食材です。まちには定期的に市が立ち、トウガラシのほか、種類は多くないですが、ジャガイモや葉物野菜、果物などを手に入れることができます。

トウガラシを窓にぶら下げて干す。

四方を高い山にかこまれた標高2300mにあるブータン国際空港。

市場ではトウガラシが山積みにされている。

代表的なブータン料理

チベット仏教の国らしく、ブータンの文化はチベット（→p20）の文化そのものです。料理もチベットの影響が強いのは当然です。

ブータンの代表的な料理が、トウガラシとチーズを煮こんだエマ・ダツィです。ほかにもトウガラシを使った料理に、ジャガイモとチーズの煮こみのケワ・ダツィや、豚肉とトウガラシの煮こみのパクシャ・パーがあります。

エマ・ダツィ

ケワ・ダツィ

パクシャ・パー

そして、ネパールにもあったチベットの蒸し餃子のモモ（→p21）もよく食べます。ブータンではトウガラシをたっぷり入れたたれ「エゼ」をつけて食べます。また、チーズをとてもよく使うブータンでは、「チーズ入りモモ」が好まれています。

モモ

主食は米

ブータンの主食は米。白米もありますが、赤米のほうが好まれています。これは、うすい赤色で、ねばりけが少ないわりにもちもちしているといいます。

山と積まれた白米と赤米。

とくに西部では、標高が高いにもかかわらず、日本人が農業改革に貢献したことから、稲作がさかんにおこなわれています。標高が高いと、気圧の関係で湯が100℃にならないので、現在は、圧力鍋を使ってご飯を炊くことが多くなっています。

米があまりとれない中央部や東部では、ソバやトウモロコシをおもに食べます。ソバ粉でつくった麺プタや、クリとよばれるパンケーキも、毎日食べられています。

食事やおやつの際の飲み物はスジャ（バター茶→p26）がふつうで、スジャを飲みながら、米を炒って甘く味つけしたザウや、トウモロコシをつぶして乾燥させたゲザシプをよく食べます。

ソバ粉の麺
プタ

甘く味つけした炒り米ザウ

25

2 ブータンの食文化

ブータンは山岳地帯にあるため、食材が豊富とはいえませんが、家畜の乳や野菜・きのこ類をたいせつに利用して料理をつくっています。また、チベット仏教の食習慣により、毎日の食事も質素です。

● 伝統的な食生活

ブータンの食事は、一日3食が基本です。通常の食事は、ご飯と、トウガラシとチーズの入った料理や豆などです。肉や魚、卵はごちそうで、毎日は食べません。

伝統的なブータンの食事は、床にすわり、手を使って食べます。しかし、近代化が進んでこうした食習慣が変化し、都市部ではテーブルといすを使い、スプーンで食事をする人がふえてきました。また、伝統的には、調理には陶器が使われていましたが、輸入されたフライパンやポットが陶器にとってかわりつつあります。

手をじょうずに使って、ご飯とおかずをまぜあわせて口に運ぶ。

● 乳製品の利用

都市部に住む一部をのぞいて、ブータン人の家庭のほとんどが農家で、どの家庭にも家畜がいます。ヤクは、標高4000m級の高地でも生息できるので、貴重な家畜となっています。

牛やヤクが子育てをする夏の時期に乳をしぼり、バターやチーズをつくって保存食にします。チーズはブータン料理には欠かせない食材です。また、チーズをブロック状にして干したものは、おやつがわりにも食べられています。

ヤクのバターは料理に使われるほか、ブータンの伝統的なお茶「スジャ（バター茶）」に使われます。スジャは、よく煮出したお茶にバターと塩を加えてよくかきまぜてつくります。ブータンの高地では茶は生産できないので、インドや中国から輸入した団茶とよばれる固形茶が使われます。バターをまぜるのに、細い枝が何本も出ている木の枝などを使うのが一般的ですが、伝統的なつくり方では、筒型のかきまぜ器が使われます。

エマ・ダツィと赤米（→p25）のご飯をいっしょに食べる。

もっと知りたい！

マツタケを炒める！

ブータンでは、山道ぞいなどで山菜、花、きのこなどが売られている。そのなかにマツタケがある。日本では高級食材だが、ブータンではふつうのきのこと同じようにあつかわれ、トウガラシなどといっしょに炒めて食べる。

マツタケ料理の下準備。

高地でもたくましく生きるヤク。　牛はたいせつな家畜。

入間市博物館所蔵
団茶。使う分だけ少しずつけずって使う。

器に注いだバター茶。スプーンにのっているのは岩塩。

入間市博物館所蔵
バター茶をいれるのに使う筒型のかきまぜ器。筒から出ている棒を何回も上下させて、かきまぜる。

まるでキャンディーのように見える干しチーズ。

肉を食べる

チベット仏教では殺生（生き物を殺すこと）を禁じているため、チベット仏教の信者は直接家畜を屠殺することはしません。野菜しか食べないベジタリアンであることも多いです。

しかし、肉を食べることは禁止されていないので、まちには肉屋さんもあります。肉類の多くはインドから輸入されています。乾季に入る秋には、冬のあいだの保存食として、牛やヤクの肉を干している光景をよく見かけます。

まちの肉屋さん。骨つきの大きなブロックも売られている。

家の前で干す肉の番をしている親子。

もっと知りたい！

ニシオカライス

　ブータン人のなかには、おいしい白米を「ニシオカライス」という人がいる。「ニシオカ」というのは、ブータンの米づくりに貢献した西岡京治氏のこと。彼は1964年から30年近くのあいだブータンの農業改革に努力し、日本式の稲作を成功させ、ブータン国王から「最高にすぐれた人」を意味する「ダショー」の称号をおくられた。

伝統的家屋の前に広がる収穫前の田んぼ。

西岡京治氏の功績をたたえて建立された仏塔。

祭りと料理

ブータンでは年間を通して各地でたくさんのお祭りがおこなわれています。大規模なお祭りから村の小さな祭りまで、その数はおどろくほど多いのです。もっとも有名なのがツェチュという祭りです。ツェチュがはじまると、村人たちがはなやかな衣装をまとって寺院に集まります。

この祭りは、ブータンでは第2のブッダと崇拝されている僧グル・リンポチェの生涯のできごとをたたえるというもの。さまざまな仮面をつけたダンサーによるおどりが、歌とともに3日間くりひろげられます。人びとは、家族や友人といっしょに祭りを楽しみます。

ところが、食べ物はというと、赤米、豚肉、エマ・ダツィなどで、種類はふだんとあまりかわりません。おとなはアラという伝統的なお酒を飲んで、大さわぎします。

バター茶を飲み、もってきた料理を食べながら、祭りを楽しむ。

寺院の中庭でくりひろげられる仮面ダンス。

28

主食ってなんだろう？

日本人は主食といえば、米を思いうかべます。韓国や中国の南部、インドの南部でも米。
では、その他のアジアでは？　ヨーロッパやアメリカの人たちの主食とは？
パンを思いうかべる人が多いでしょうが、ほんとうにそうでしょうか。

主食とは？

主食とは、食事の中心となる食べ物で、エネルギーの供給源、つまり体の中で消化されて、エネルギーを発する食材のことです。

主食となる食材は、米、小麦、トウモロコシなどの穀物にかぎらず、ジャガイモ、タロイモ、キャッサバなどのイモ類も世界各地で食べられています。どのような食材が主食となっているかは、それぞれの国や地域の食文化によってちがいます。

米　　**小麦**

トウモロコシ　　**ジャガイモ**

タロイモ

キャッサバ

世界各国の主食

各国の主食はなにかについて考える場合、日本は米で、ヨーロッパやアメリカは小麦などと、はっきりいうことができればわかりやすいのですが、それはかならずしも世界に共通する考え方とはいえません。

主食という位置づけが、日本のようにはっきりしていない国や地域がほとんどだからです。そもそもヨーロッパやアメリカなどでは、パンは肉や魚料理のそえ物とされ、主食という考え方をしないのがふつうです。肉や魚が食事の中心となる食べ物で、エネルギーの供給源になっているのであれば、日本人からみると、主食は肉や魚ということになります。

もっと知りたい！
穀物とは？

穀物は、デンプンをたくさんふくんでいる種の部分を食用とする農作物のこと。米、大麦、小麦、トウモロコシ、キビ、アワ、ヒエ、ソバなどのほか、大豆などの豆類を穀物にふくむ考え方もある。

なかでも、小麦・米・トウモロコシは生産量が多く、世界の広い範囲で食べられているため、世界三大穀物とよばれている。この3つの穀物だけで、世界の穀物生産量のほぼ4分の3をしめている。三大穀物のなかで、トウモロコシがもっとも生産量が多い。

バングラデシュ

バングラデシュは、ベンガル湾に注ぐ大河ガンジス川の河口に広がる国です。
豊富な水資源をもつ国土は米の生産に適し、かつては
「黄金のベンガル」とよばれていました。

正式名称／バングラデシュ人民共和国

人口／1億5940万人（2015年バングラデシュ統計局）

国土面積／14万7000km²（日本の約4割）

首都／ダッカ

言語／ベンガル語（国語）

民族／ベンガル人がほとんど、ミャンマーとの国境ぞいに仏教徒系少数民族が居住

宗教／イスラム教（89.7％）、ヒンドゥー教（9.2％）、仏教（0.7％）、キリスト教（0.3％）

1 米の国バングラデシュ

1971年にパキスタンから分かれて独立した国で、日本の4割ほどの国土に、約1億6000万人がくらしています。人口の約3割が貧困層だといわれています。米は年に2〜3回収穫でき、それが多くの人の食をささえています。

● 世界第4位の米生産国

世界の米生産量は年間約4億8000万トン（精米ベース）で、その大半がアジアの国ぐにでつくられています。第1位は1億4450万トンの中国で、バングラデシュは3450万トンで第4位（右図）です。お米を食べる量も1位は中国で、バングラデシュは3520万トンで第4位です。

水が豊かなバングラデシュの、緑あふれる河口の景色。

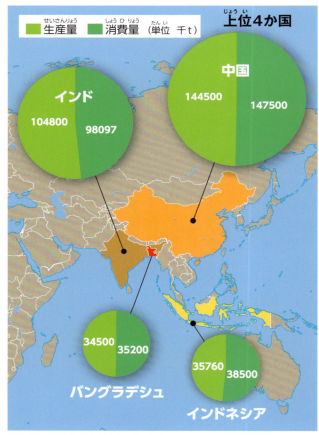

生産量　消費量（単位 千t）

上位4か国

中国
144500　147500

インド
104800　98097

バングラデシュ
34500　35200

インドネシア
35760　38500

出典:農林水産省「aff（あふ）」2016年1月号

牛を使って、田を耕す。

バングラデシュの稲作

稲作は、おもに次の3期に分けておこなわれています。

● 雨季前半の稲作（アウス作）：8月に収穫
● 雨季後半の稲作（アモン作）：11月に収穫
● 乾季の稲作（ボロ作）：4月に収穫

　アウス作とアモン作は雨季の増水を利用しておこなわれているため、雨季に洪水におそわれると、田植えも収穫もできなくなることがあります。現在は、水管理を徹底し、肥料を改善することで、米の増産をめざしています。

主食の米

バングラデシュの米はインディカ米で、炊くと、ねばりけの少ないパラパラしたご飯になります。この水で炊いたご飯を「バット」といい、バングラデシュの主食です。香辛料やバターで炊く「ポラオ」や、豆といっしょに炊く「キチュリ」、肉や香辛料といっしょに炊くビリヤニ（→p7）などもよくつくられます。米のほかに、インドと同じく、タンドール（→p40）で焼いたナンやチャパティ（→p7）も食べられています。

キチュリ

田植えの終わったバングラデシュの田んぼ。

地域の祭りのために大量に炊かれたご飯（バット）。

バングラデシュの洪水

　バングラデシュのほとんどの農地は、海抜が低いため、雨季には河川の氾濫で水びたしになってしまう。時には耕作地域だけでなく、土盛りして高台にしている住宅地や幹線道路も水につかってしまうことがある。過去には、サイクロン（熱帯低気圧）による洪水で数十万人もの死者が出たことが何度もあった。

　一方で、毎年起こる適度な洪水は、土地を肥沃にし、豊作をもたらすともいわれている。
　しかし、地球温暖化のためか、バングラデシュでは洪水の危険性が増している。

洪水で水の中にとりのこされた家族と家畜。

2 バングラデシュ料理の特徴

バングラデシュ料理は、ご飯を中心に、インドと同じく、クミン、ターメリック、カルダモン、コリアンダーなどの香辛料をきかせた煮こみ料理が基本です。インドとちがうところは、魚がよく使われることです。米と魚をよく使うのは、日本の伝統食と同じです。

● 魚料理

バングラデシュでは、つぶマスタードやマスタードオイルを料理によく使います。マスタード（からし菜）は、乾季に栽培する重要な作物となっています。マスタードオイルは辛くはなく、さわやかな風味があります。

黄色い花が満開のマスタード畑。

バングラデシュ人は、魚をよく食べることで知られていますが、そのほとんどが淡水魚です。ニシン科の「イリッシュ」は、バングラデシュの国魚といわれるぐらい好まれている魚で、何種類もの料理があります。ほかに、コイ科の「ルイ」や「カトラ」もよく食べます。川魚の漁は、雨季が終わる10月ごろからはじまります。

川で漁をする人。

ニシン科のイリッシュ

イリッシュの
マスタード蒸し

バングラデシュ独特の魚の蒸し料理。

イリッシュのフライ

イリッシュをマスタードオイルで揚げる。

マスタード・イリッシュ

イリッシュをマスタードオイルで焼き、マスタードソースをかけたもので、バングラデシュでもっとも人気のある料理。

コイ科の魚ルイ

コイ科の魚カトラ

肉料理

バングラデシュでは、イスラム教の戒律により、豚肉や豚の加工品は口にしません。そのため、肉は、羊や山羊の肉、鶏肉が中心です。ヒンドゥー教徒以外は牛肉も食べます。肉を加えたビリヤニは、祭りやお祝いのときのごちそうです。

チキンビリヤニ

牛肉のテハリ
ダッカに古くから伝わる料理で、マスタードオイルで牛肉を焼いてからご飯にまぜる。生の青トウガラシとタマネギがそえられる。

野菜料理

バングラデシュでは野菜料理もよく食べます。その代表が「ボッタ」です。これは、野菜などをやわらかくゆでてつぶし、マスタードオイルと塩や香辛料で和えたものです。ジャガイモやナス、ウリなどのほか、豆や魚もボッタにすることがあります。

© Bellayet

さまざまなボッタの盛り合わせ。

にぎやかなダッカの正月の祭り。

正月の祭り

バングラデシュで使われているベンガル暦では、元日は西暦の4月14日とされています。この日、まちではパレードがおこなわれたり、音楽とダンスのショーがあったりと、正月の祭りがにぎやかに開催されます。女性たちは、赤い衣装を身につけて祭りに参加します。

正月のお祝い料理には、かならず、ひと晩水にひたしたご飯とイリッシュのフライを用意します。

©Tahmid Munaz

きれいに盛りつけられた正月のお祝い料理。水にひたした白いご飯の上に、イリッシュのフライや、野菜の天ぷら、生のタマネギや青トウガラシなどがのっている。

パキスタン・アフガニスタンの食文化

インドの西、イランの東に位置する2つのイスラム教の国の
食文化を紹介します。

1 パキスタン（正式名称　パキスタン・イスラム共和国）

パキスタンは、1947年にイギリス領インドから独立。その際、インドをはさんで東西パキスタンに分かれましたが、1971年、ベンガル語を国語とする東パキスタンがバングラデシュ（→p30）として独立しました。西パキスタンは、ウルドゥー語を国語とする現在のパキスタンとなりました。

● 四季のあるパキスタン

パキスタンは四季がはっきりしている国。12月～2月が冬、3月～5月が春、6月～9月が夏、10月～11月が秋です。冬はすずしく乾燥していて、夏は高温多雨です。こうした気候のもと、食材も変化に富んでいます。

日本人にとってパキスタンの食べ物で意外なのが、マンゴーやスイカなどの果物でしょう。おいしい果物といえば、南国の島のものというイメージがあるからかもしれません。でも、パキスタンにはおいしい果物が豊富にあり、自国を「フルーツの宝庫」だと自慢するパキスタン人もいます。

氷の上にスイカをならべて売る人たち。

カリッサという名前の果物。3～5cmの大きさで、生で食べるほか、ゼリーやジャムにもされる。

北東部のパンジャブ州にあるイスラム教の美しい聖者廟。

主食はパン

パキスタンの主食は、小麦粉からつくるナンやチャパティ、ロティ、プーリーなど、北インドと同じです。ナンはウルドゥー語が語源だといわれています。朝食には、これらに加えてパラタというパンをよく食べます。これは、ナンの生地に油を加え、よく練って焼いたもの。幾層にも重なった生地はパイのようで、焼きたてはサクサクしています。

パラタ

パキスタン料理の特徴

パキスタンは、イスラム教を国教とする国で、ほかのイスラム教国と同じく、イスラム教徒は宗教的な理由から豚肉を食べません。

パキスタン人が家庭で毎日のように食べるのは、サブジとよばれる野菜を煮こんだ料理。ホウレンソウを主体とした緑色のサブジや、数種類の野菜を使った「ミックスサブジ」があります。ダール（豆の煮こみ料理）やチキンのサーラン（日本のカレーにあたる煮こみ料理）もよく食べられています。

ホウレンソウのサブジ　　ダール

© Mainsari66

独特の食文化

インドと国境を接する北東部のパンジャブ州の料理は、香辛料をきかせた濃厚で辛い煮こみ料理が多く、中国と国境を接する北部では、あまり香辛料を使いません。

パキスタンでとても人気がある料理として、ブレインマサラとよばれる山羊や牛の脳みそを使った料理があります。これは、さまざまな香辛料で新鮮な脳みそを煮こんだ高級料理です。煮こむ際に煮くずれないように注意したり、揚げてから煮こむなど、おいしさを引きだすために、さまざまな工夫がこらされています。

日本でも手に入れることができる、ブレインマサラ用の香辛料。

また、パキスタン北部でよく飲まれている塩ラッシー（飲むヨーグルト）も、日本人にはなじみのない味です。さわやかでのどごしのよい塩味のラッシーは、スパイスのきいた煮こみ料理には、最適だといわれています。

ミント味の塩ラッシー

© Nitin

ドライフルーツの産地

パキスタンは「フルーツの宝庫」といわれますが、多種類のドライフルーツもよくつくられています。なかでも、北部の6000m級の山やまにかこまれたフンザの谷は、アンズの産地として有名です。春にはアンズの花が咲きほこるフンザの谷は、スタジオ・ジブリのアニメーション映画『風の谷のナウシカ』のモデルになったともいわれています。秋に実を収穫し、天日で干して冬のあいだの保存食とします。アンズのほか、サクランボやクワの実などのドライフルーツもつくられていて、天然の味覚にあふれたドライフルーツは海外でも人気があります。

ラマダン明けの食事

ラマダンというのは、イスラム暦の9月のこと。ラマダン月は、預言者ムハンマドが神から啓示をさずかった神聖な月とされ、イスラム教徒は1か月間、日の出から日の入りまで断食をし、食べ物や飲み物を口にしません。断食は信仰心を深め、世の中の飢えに苦しむ人びとを思いやることになるとされています。

イスラム教の断食ではふつう、日の出前に「スフール」とよばれる食事をとり、日没後には家族や友人が集まって「イフタール」とよばれる食事をとります。イフタールでは、まずデーツ（ナツメヤシの実）から食べはじめ、消化のよいスープやお粥のようなものを食べて胃を落ち着かせてから、本格的な料理を食べます。それぞれのまちの中心的なイスラム教の礼拝所（モスク）では、信者のためにイフタールが準備されます。

1か月間の断食が終わると、ラマダン明けのお祭りが盛大におこなわれます。

秋には枝から落としたアンズの実を天日干しする。

南部の大都市カラチの有名なモスクで準備されているイフタール。サモサ（→p40）を配っているところ。

2 アフガニスタン（正式名称　アフガニスタン・イスラム共和国）

アフガニスタンは、古くはペルシャ帝国の支配下にあり、イギリスの保護領を経て、1919年に独立を達成。そのとき、イギリスによって国境が引かれたことが、その後の紛争の大きな要因となったといわれています。大国にかこまれているため、食文化はそれぞれの影響を受けて多種多様です。

● 遊牧民の食文化

現在、アフガニスタンは長く続く紛争で国が荒廃していますが、東西文明の通り道に位置し、もともとは豊かな食材とバラエティに富んだ料理が発達した国です。

アフガニスタンの食文化の基本は、遊牧民のもの。カザフスタンではシャシリーク、イランではキャバーブ、トルコではケバブとよばれているものと同じ、カバブとよばれる肉の串焼きが一般的な料理です。

羊肉のカバブ

主食は、北インドやパキスタンと同じく、小麦粉でつくる平たくて大きな窯焼きのナンです。

米も食べられていて、「パロ」とよばれる炊きこみご飯もよくつくられます。これは、イランのポロ（→4巻）やウズベキスタンのプロフ（→p43）に似ています。アフガニスタンはイランと中央アジアの接点なのです。

おかずの代表格は、野菜と肉、豆類、香辛料で煮こんだ料理「コルマ」です。ごちそうのときは肉入りですが、豆だけのコルマも、ジャガイモのコルマもあります。

チキンのコルマ

● 乳製品とドライフルーツ

家畜の乳は、中央部は羊乳、その他の地域は牛乳、北部や南部の山岳地帯ではラクダ乳が多く利用されています。料理には、乳からつくったヨーグルトやクルト（→p41）が使われることが多く、野菜をつめたワンタンのようなものにヨーグルトをかけて食べる「アシャック」が人気です。また、中国から入ってきた餃子のようなマントゥや、チベットやネパールの「モモ」（→p21）にもヨーグルトをかけて食べます。

また、ザクロ、アンズ、ブドウ、イチジクなどのフルーツは、長期保存できるようにドライフルーツとされています。アフガニスタンでは、中央アジア・西アジアではめずらしく、キュウリやトマト、レタスなどのサラダが食卓にのぼります。

もっと知りたい！

黒ニンジン

ニンジンの原産地はアフガニスタンあたりだといわれているが、根の色が黒いニンジンもある。黒ニンジンは、通常のニンジンにはふくまれていないアントシアニジン色素やポリフェノールが多くふくまれているため、老化防止や健康増進効果が期待されている。

黒ニンジンの断面。

中央アジア

中央アジアは、ユーラシア大陸の中央部の乾燥地帯で、現在は、かつてのソビエト連邦（ソ連）を構成する共和国だったウズベキスタン（→p42）、カザフスタン（→p44）、キルギス、トルクメニスタン、タジキスタンという国があります。この地域の食文化をみていきましょう。

砂漠を移動するウイグル族の馬車（中国・新疆ウイグル自治区）。

トルファンに残る仏教遺跡（中国・新疆ウイグル自治区）。

シルクロードのおもなルートと中継都市

ローマ
黒海
コンスタンティノープル（イスタンブール）
カスピ海
タシケント
カシュガル
ウルムチ
サマルカンド
テンシャン山脈
トルファン
ブハラ
タクラマカン
砂漠
パミール高原
タリム盆地
地中海
ヒンドゥークシ山脈
クンルン山脈
敦煌
バグダッド
バーミアーン
洛陽
西安（長安）

ウズベキスタンのサマルカンドに残る、青色のタイルが美しいイスラム教のモスク。

多くの仏教遺跡の石窟が残る、アフガニスタンのバーミアーン渓谷。正面の空洞には名高い大仏立像があったが、2001年に当時アフガニスタンを支配していたイスラム過激派によって破壊された。

きびしい自然環境

この地域は、昔から多くの国ぐにが興亡してきたところで、人びとは、遊牧とオアシス農業をおこなってきました。また、この地では、シルクロードで結ばれた中継貿易がおこなわれてきました。

シルクロードでつながっている地域の文化的な共通性を考えると、広い意味で中央アジアは、中国の新疆ウイグル自治区、チベット自治区、そして内モンゴルまで広がっているとみることができます。

中央アジアには、広大な砂漠やけわしい山岳地帯が多く、人が移動するのはたやすいことではありませんでした。それでも、2000年以上も昔から、商人たちは、このきびしい土地を旅して品物を運んでいたのです。こうして商人たちはラクダに乗り、キャラバン（隊商）を組んで、オアシス（→p41）からオアシスへと旅しました。彼らがたどった道すじが、シルクロード（絹の道）とよばれているのです。

シルクロード

シルクロードとは、中央アジアを横断する古代の東西交易路をまとめたよび方。中国を発し、タリム盆地の南北に点在するオアシス都市国家群を通り、パミール高原をこえ、西アジアから地中海沿岸に達し、東西移動に重要な役割を果たした。中国特産の絹がこの道を通って西方へもたらされたことから、19世紀末のドイツの地理学者リヒトホーフェンが「シルクロード（絹の道）」と命名した。

中央アジアの食文化

シルクロードで運ばれたのは、もちろん絹だけではなく、さまざまな工芸品や食品など、各地の産物がシルクロードを往来しました。

バーミアーンやサマルカンドなど、中継地となるオアシスには大きな都市が栄え、国際的な文化がうまれました。

この地域に共通するのは、イスラム教を受け入れた歴史をもつことと、ペルシャ系民族の多いタジキスタンをのぞき、チュルク（トルコ）系民族が多いということです。そのため、トルコと似かよった食文化をもちます。

なお、遊牧民の伝統で、今も客をもてなすことは美徳とされ、通りすがりの旅行者にもお茶を出してもてなすのです。食事に招くときは、客が食べきれないほどの料理をつくって歓待します。

中央アジアでは、もてなしの場にすわるのは男性だけで、女性は同席しないのがふつうです。

「～スタン」の意味

「～スタン」は、正確には「～イスタン」で、ペルシャ語で「～の場所、土地」を意味する言葉。アフガン＋イスタン＝アフガニスタン、ウズベク＋イスタン＝ウズベキスタンで、これは、アフガン人やウズベク人の住む場所（国）ということ。

キルギスも、以前は、キルギスタンという国名だったが、1993年にキルギス共和国に改称。ただし、パキスタンの場合は、これとは別に、ペルシャ語起源の言葉で「清浄な国」を意味するパーキスターンに由来しているという。

中央アジアに共通の食べ物

北インドから中央アジアにかけて広く食べられているナンまたはノンは、小麦粉でつくるパンの総称で、さまざまな大きさや形があります。小麦粉でつくった生地に味をつけた肉や豆などを包み、揚げたり焼いたりしたサモサまたはサムサ（→p43）とよばれるものも、共通した食べ物です。ラグマン（→p42）とよばれる、小麦粉でつくるうどんのような麺料理もあります。

また、よく食べられる料理のひとつに、プロフなどとよばれる炊きこみご飯があります。これは、インドから中央アジア、中近東を経てトルコやギリシャでもみられる米料理で、トルコからフランスに入ってフランス料理のピラフとなったといわれています。

いろいろなナン

いろいろなプロフ

もっと知りたい！

タンドール料理

タンドールは、北インドからアフガニスタンにかけての地域で使われている粘土製の窯のこと。炭または薪を窯の底で燃やして加熱する。タンドールはナン（→p7）だけでなく、サモサや肉を焼くときにも使われてきた。

タンドールでナンを焼く。

タンドールでサモサを焼く。

中央アジアの肉と保存食

中央アジアのウズベキスタン、カザフスタン、キルギス、トルクメニスタン、タジキスタンでは、砂漠とステップとよばれる草原がはてしなく広がり、川や湖がほとんどありません。オアシスとよばれる、砂漠のなかで水がわき、樹木が育つところだけがかぎられた水源となっています。

オアシス以外では農作物がほとんどとれないので、古くから遊牧がおこなわれ、馬や羊の肉と、馬や羊、ラクダ、牛などの乳が尊ばれ、ヨーグルトやバターがつくられてきました。また、果実や木の実も乾燥させて、保存食としました。

時代が下り、保存の技術が進歩してくると、かたい馬肉より羊肉が、続いて牛肉が好まれるようになってきました。

なお、中央アジアで肉や乳製品が発達した背景には、夏に30℃に達する一方、冬にはマイナス30℃になるほど、寒暖の差がはげしい気象条件もあったと考えられています。

キルギスにおける羊の放牧。

ヨーグルトに塩をまぜて水を切り、乾燥させてつくるヨーグルトのかたまり「クルト」。遊牧民にとっては便利な保存食となる。

遊牧民にとってカバブ（肉の串焼き）は、もっとも手軽な肉料理。うす焼きパンにはさんで食べることが多い。

ドライフルーツやナッツを売る店を、中央アジアではよく見かける。

ウズベキスタン

ウズベキスタンは、古代からオアシス都市が栄え、シルクロードの中継地となりました。遊牧民の国でしたが、川や湖から水を引いて農業をおこなうようになりました。現在、国民の大多数がイスラム教徒です。

正式名称／ウズベキスタン共和国	言語／ウズベク語（公用語）、ロシア語
人口／2940万人（2015年 国連人口基金）	民族／ウズベク系（78.4%）、ロシア系（4.6%）、
国土面積／約44万7000km²（日本の約1.2倍）	タジク系（4.8%）、タタール系（1.2%）
首都／タシケント	宗教／主としてイスラム教（スンニ派）

1 シルクロードの交易時代の面影

サマルカンドやブハラなどは、オアシス都市として発展したまちです。現在もシルクロードの交易時代の面影を残し、そこでは、食文化もシルクロードの中継地としてのなごりを伝えるものが多くあります。

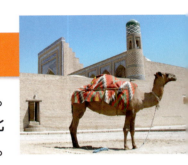

● シルクロードで伝えられた料理

ウズベキスタンでは、中国からウイグル経由で伝わった「拉麺（ラーメン）」がもとになった「ラグマン」や、「饅頭」が語源だと考えられる、蒸し餃子のような「マンティ」がよく食べられています。

また、ウズベキスタンの主食である平らな窯焼きパン「ノン」は、シルクロードの時代には、道中でもち歩きやすいため、旅人に重宝されたというもの。現在でも、ウズベキスタンの市場や屋台には、さまざまな模様のついたノンがうずたかく積まれて売られています。

ラグマン

マンティ

市場のノン売り場。

2 ウズベキスタンの食文化

シルクロードにより、西から東からさまざまな料理が入ってきたウズベキスタンは、料理の種類が豊富です。現在は、プロフをはじめ、シュルバ、サムサ、タンディール・カバブが代表的な料理です。

● ウズベク人のおふくろの味・プロフ

中央アジア全域で食べられているプロフ（→p40）には、地方によって、また家庭によってさまざまな食材を使ったものがあります。材料には、羊肉とニンジン、タマネギ、レーズンなどがよく使われます。ウズベクの人びとにとっては今も、週に1度は食べる、おふくろの味のような料理となっています。

ウズベキスタンでは大鍋でプロフをつくることが多い。

● 代表的なウズベキスタン料理

下の3種類の料理は、西アジアに広く伝わっているもののウズベキスタン版です。

シュルバ
羊肉とジャガイモ、ニンジン、タマネギ、トマト、豆などに、香辛料、トウガラシなどを加えたスープ。

サムサ
小麦粉の生地に羊肉とタマネギを三角形に包み、卵の黄身をぬってゴマをちらして焼いたスナック。インドなどにあるサモサのウズベキスタン版。

©Alaexis

タンディール・カバブ
粘土製の窯タンディール（タンドール、→p40）で焼いたカバブ（肉の串焼き）。

もっと知りたい！

ウズベキスタンのお茶

ウズベキスタンでは、緑茶（ゴクチャイ）と紅茶（カラチャイ）が飲まれている。夏には体を冷やすゴクチャイ、冬には体を温めるカラチャイを飲むのがよいとされている。
ゴクチャイは、茶碗に注いではそれをポットにもどすことを3回ほどくり返し、さらに数分蒸らしてから飲む。この作法をカイタルマとよぶ。

ウズベキスタンでは、茶の中に砂糖も牛乳も入れないのがふつうだが、ミント入りのゴクチャイはよく飲まれている。まちじゅうにチャイハナとよばれる茶店がある。

ゴクチャイ

カザフスタン

カザフスタンはユーラシア大陸の真ん中にあって、国土面積は世界第9位ですが、国土の大部分が砂漠や乾燥したステップです。近年は、石油・天然ガスの資源大国として注目されています。

正式名称／カザフスタン共和国
人口／1790万人（2016年国連人口基金）
国土面積／約272万4900km²
首都／アスタナ
言語／カザフ語（国語）、ロシア語（公用語）

民族／カザフ系（65.52％）、ロシア系（21.47％）、ウズベク系（3.04％）ほか
宗教／イスラム教（70.2％）、ロシア正教（26.3％）、仏教（0.1％）など

1 肉食の国

カザフスタンは中央アジアとヨーロッパにまたがる国で、世界最大の内陸国です。ロシア、中国、キルギス、ウズベキスタン、トルクメニスタンと国境を接し、カスピ海に面しています。

ゆでた馬肉。

● カザフスタン人は世界一!?

「カザフスタン人は世界で2番目によく肉を食べる。1番目によく食べるのはオオカミだ」という古い冗談が伝わっています。それほど、カザフスタンの人びとは肉をよく食べるといいます。

かつてはほかの中央アジアの国と同じく、おもに馬肉をくん製、塩漬け、干物にしていましたが、近年は、とくに羊肉が好まれています。

山で草をはむ馬たち。

● 馬肉料理

カザ

カザフスタンでは、ゆでた馬肉のスライスを食べたり、「カザ」とよばれる馬肉のソーセージなどを食べたりします。

豚を食べない理由

イスラム教徒は、豚を不浄の動物として食べないが、カザフスタンをはじめ中央アジアでは、宗教上の理由以外にも豚をきらう理由があるという。それは、豚が牧草を食べない動物であることや、水に体をひたす習性があるなど、高地の乾燥地帯に住む遊牧民の文化になじまない動物であるというのが、大きな理由だといわれている。

2 今も残る遊牧民の文化

ソビエト連邦時代に遊牧廃止政策（定住化）がおこなわれ、遊牧生活をするカザフ人はとても少なくなりました。それでも、乳製品と肉の食文化は、現在もしっかり受けつがれています。

首都アスタナのシンボルタワー「バイテレク」。

カザフスタンの代表料理

べシュバルマクは、馬肉をゆでて小麦の幅広の麺とともに食べる料理。カザフスタン人のほとんどが、カザフ料理の代表だといいます。ベシュバルマクは、「5本の指」という意味で、ゆでた肉を手づかみで食べていたことからついた名前だといわれています。シャシリークとよばれる、肉の串焼きも人気です。

主食はパン類です。円盤状のナンが一般的ですが、カザフの揚げパン「バウルサク」も人気です。伝統的なテーブルカバーの上に、バウルサクやナンをならべて、カザフのお茶とともに食べるのがカザフ人の楽しみだといわれています。

乳製品としては、馬乳を発酵させてつくるクムスという醸造酒が伝統的に飲まれています。

©Shahriv

ベシュバルマク
たいせつなお客には馬の頭もそえて出す。

バウルサクやナンなどカザフのおいしいものがならべられたテーブル。

遊牧民の伝統的な住居「ユルト」。

ほんとうのカザフのくらし

現在、カザフ人は、カザフスタンだけではなく、モンゴルにも住んでいる。じつは、カザフ人らしいくらしをしているのは、カザフスタンの人びとではなく、モンゴルに住んでいる人だという。なぜならば、カザフスタンでは、ソ連が遊牧廃止政策をとっていたためだ。しかも、カザフスタンにはロシア人が移住し、カザフ人より人口が多い都市もあるという。

さくいん

■監修

青木ゆり子

e-food.jp 代表。各国・郷土料理研究家。世界の郷土料理に関する執筆をおこなっている。2000年に「世界の料理 総合情報サイト e-food.jp」を創設。日本と海外をつなぐ相互理解・交流を目指し、国内外の優れた食文化に光を当てて広く伝えるために活動中。また、国際的ホテルの厨房で、60か国以上の料理メニューや、外国人客向けの宗教食ハラール（イスラム教）やコーシャ（ユダヤ教）、ベジタリアン等に対応する国際基準の調理現場を経験し、技術を習得。東京にある大使館、大使公邸より依頼を受け、大使館及び大使公邸の料理人として各国の故郷の味を提供。現在、世界5大陸200以上の国・地域の訪問を目指して、一眼レフカメラを片手に料理取材を続けている。

■編・著／デザイン

こどもくらぶ

稲葉茂勝
石原尚子
長江知子

■制作

（株）エヌ・アンド・エス企画

※各国の人口や国土面積ほかの基本情報は、外務省のホームページ「世界の国々」（2016年12月）による。

■写真協力

ramiya、青木ゆり子、松本あづさ、藤沢市野口自動車、インド料理教室キッチンスタジオベイズリー、印度メーション–神秘の国インド情報サイト、西遊旅行、ファイブスター・クラブ、風の旅行社、TIRAKITA、©Benjawan Sittidech ©Yue Liu ©Gaurav Masand ©Govindji ©Gaurav Masand ©Oleg Doroshenko ©Elena Schweitzer ©Vishakha Shah ©Elena Schweitzer ©Radiokafka ©Aliaksandr Mazurkevich ©Luciano Mortula ©Gaurav Masand ©Marina Pissarova ©Szefei ©Linqong ©Saman527 ©Susansam90 ©Goodween123 ©Anton Ignatenco ©Antonio De Azevedo Negrão ©Hywit Dimyadi ©Sithu Fen ©Eranda Ekanayake ©Vidu Gunaratna ©Keechuan ©Shariff Che/' Lah ©Borna Mirahmadian ©Alicenerr ©Susansam90 ©Bhofack2 ©Gunaleite ©Marina Pissarova ©Bidouze Stéphane ©Sierpniowka ©Oliver Förstner ©Nabaraj Regmi ©Bkkweekender ©Kristina Bartova ©Hungchungchih ©Ppy2010ha ©Dpimborough ©Steve Allen ©Samrat35 ©Jan Zoetekouw ©Ramillah ©Antonella865 ©Jose Antonio Nicoli ©Masudul Hasan ©Sjors737 ©Mohdoqb ©Anuja Vijay ©Mohammed Anwarul Kabir Choudhury ©Dmitry Chulov ©Feroze ©Mohdoqba ©Ashrafulalam ©Mr.smith Chetanachan ©Gábor Basch ©Alexander Mychko ©Muhammad Osaid Khan MOK ©Ronnachai Limpakdeesavasd ©Anastasiya Ivanova ©Andrey Starostin ©Antonio Ribeiro ©Monsteranimal ©Pascalou95 ©Evgeniy Fesenko ©Alexander Mychko ©Vitaliy Kartashev ©Vvoevale ©Sergii Koval ©Linqong ©Marina Pissarova ©Oleg Bitner ©Zhudifeng ¦ Dreamstime.com ©Monkey Business–Fotolia.com

---

しらべよう！世界の料理③　南・中央アジア　インド ブータン バングラデシュ ウズベキスタン ほか　　　N.D.C.383

2017年4月　　第1刷発行

監修　　青木ゆり子
編・著　こどもくらぶ
発行者　長谷川 均　　編集　浦野由美子
発行所　株式会社ポプラ社
　　　　〒160-8565　東京都新宿区大京町 22-1
　　　　電話　営業：03（3357）2212　編集：03（3357）2635
　　　　振替　00140-3-149271
　　　　ホームページ http://www.poplar.co.jp
印刷・製本　大日本印刷株式会社

Printed in Japan

47p 29cm
ISBN978-4-591-15365-9

「おいしい」の向こうにある、 各国の風土や文化を学ぼう！

しらべよう！世界の料理 全7巻

❶ 東アジア
日本 韓国 中国 モンゴル

❷ 東南アジア
ベトナム タイ フィリピン インドネシア ほか

❸ 南・中央アジア
インド ブータン バングラデシュ ウズベキスタン ほか

❹ 西アジア アフリカ
サウジアラビア トルコ エジプト ナイジェリア ほか

❺ 北・中央・東ヨーロッパ
スウェーデン オーストリア チェコ ロシア ほか

❻ 西ヨーロッパ 北アメリカ
フランス スペイン ギリシャ アメリカ ほか

❼ 中央・南アメリカ オセアニア
メキシコ ブラジル ペルー オーストラリア ほか

監修：青木ゆり子（e-food.jp 代表）

小学校中学年〜中学生向き
各47ページ
N.D.C.383 A4変型判
図書館用特別堅牢製本図書

★ポプラ社はチャイルドラインを応援しています★

18さいまでの子どもがかけるでんわ
チャイルドライン®

0120-99-7777

ごご**4**時〜ごご**9**時 ＊日曜日はお休みです 電話代はかかりません 携帯・PHS OK
18さいまでの子どもがかける子ども専用電話です。
困っているとき、悩んでいるとき、うれしいとき、
なんとなく誰かと話したいとき、かけてみてください。
お説教はしません。ちょっと言いにくいことでも
名前は言わなくてもいいので、安心して話してください。
あなたの気持ちを大切に、どんなことでもいっしょに考えます。